MW01241382

Made in the USA
Middletown, DE
15 December 2022

18744240R10068